Bibliografische Information der Deutschen Nationalbibliothek:

Die Deutsche Bibliothek verzeichnet diese Publikation in der Deutschen National-
bibliografie; detaillierte bibliografische Daten sind im Internet über http://dnb.d-
nb.de/ abrufbar.

Impressum:

Copyright © 2017 GRIN Verlag
Druck und Bindung: Books on Demand GmbH, Norderstedt Germany
ISBN: 9783668938502

Dieses Buch bei GRIN:

https://www.grin.com/document/465810

Sarah Sabukoschek

Was ist Freiheit? Eine philosophische Behandlung des Themas Freiheit

GRIN Verlag

Freiheit

Versuch einer Interpretation

Sarah Sabukoschek

8. Klasse

Modellschule Graz

Februar 2016

Abstract

Die folgende Arbeit befasst sich intensiv mit dem Thema ‚Freiheit'. Das Ziel dieser Arbeit war es viele Antworten zu finden und dem Leser Informationen zu vermitteln, wobei, wie nicht anders zu erwarten war, am Ende der Arbeit vermutlich noch mehr unbeantwortete Fragen im Raum stehen als davor. Meine Annahmen, Thesen und Ideen zum Thema ‚Freiheit', stehen am Anfang der Arbeit in Form eines philosophischen Essays. Da dieses Thema so eine unfassbar große Spannbreite hat, war es nicht möglich, jeden Aspekt zu berücksichtigen, jedoch habe ich einige ausschlaggebende Faktoren anhand von wissenschaftlichen Arbeiten ausreichend bearbeitet, um auf meine Kernfragen, was Freiheit überhaupt ist, ob es sie gibt und wie diese aus verschiedenen Ansichten gesehen wird, eine Antwort zu finden. Dabei bespreche ich vor allem einen bedeutenden, von mir als wichtig gewerteten, Philosophen, Jean-Paul Sartre, und seine spezielle Auffassung von Freiheit. Des Weiteren bespreche ich auch die Willensfreiheit, den Determinismus, Sartres Widerlegung des Determinismus und wie schon erwähnt seinen eigenen Freiheitsbegriff, als auch die menschliche Handlung und den freien Willen. Der praktische Teil dieser vorwissenschaftlichen Arbeit ist der philosophische Essay, der ganz am Anfang steht, und ohne jegliche Quellen oder Zusatzinformationen verfasst wurde, während die übrigen Ergebnisse auf der Recherche in Büchern und dem Internet basieren. Sollte eine nicht gegenderte Ausdrucksweise aufzufinden sein, so gilt diese für die männliche und weibliche Form, um unnötigen Verwirrungen aus dem Weg zu gehen.

1 Einleitung

Freiheit. Ein Begriff von dem wir alle eine ungefähre Vorstellung haben, doch wenn es darum geht, diesen etwas näher zu erklären oder zu definieren, scheitern die meisten. Was ist das überhaupt? Welche Arten von Freiheit gibt es? Was versteht man unter Handlungs-, was unter Willensfreiheit? Ab wann ist der Mensch frei? Ist es überhaupt möglich vollkommen frei zu sein? Was schränkt unsere Freiheit ein? Kann ich frei sein, obwohl ich mich gewissen Regeln beugen muss? Bedeutet das höchste Maß an Freiheit automatisch das höchste Maß an Glück?

Freiheit. Dieses Thema wirft so unendlich viele Fragen auf und wahrscheinlich wird es darauf nie eine wirklich klare und eindeutige Antwort geben. Es ist möglich, diesen Begriff zu beschreiben, unendlich lange und unendlich ausführlich, unendlich komplex oder aber auch simpel, jedoch wird es nie möglich sein, ihn einheitlich zu definieren, und ich möchte schon zu Anbeginn die oberflächliche Sichtweise, mit der viele Leute dieses Thema betrachten, kritisieren. Oft wird die Freiheit zu einem bloßen „Tun-und-lassen-können-was-man-will" degradiert, möchte ich fast meinen, dass man mit dieser Ansicht einen so riesigen Teil außer Acht lässt, was wiederum einer der Gründe ist, die mich zum Verfassen dieser Arbeit gebracht hat.

Inhaltsverzeichnis

2 Philosophischer Essay zum Thema Freiheit

„WER DIE SICHERHEIT DER FREIHEIT VORZIEHT, IST ZU RECHT EIN SKLAVE"[1]

Noch bevor man sich mit diesem zunächst sehr komplexen Thema Freiheit näher auseinandersetzt, muss man sich dessen bewusst sein, dass es niemals eine einheitliche Definition oder ein Maß für Freiheit geben wird, da dieser Begriff nicht die Bezeichnung eines gewissen Zustands ist, sondern eher ein Überbegriff für diverse Arten von Freiheit.

Es gibt also nicht nur eine Freiheit, die allumgreifend ist, sondern verschiedene Freiheiten, die auf gewisse Teilbereiche des Leben eines Individuums zutreffen können oder auch nicht. Dazu kommt noch, dass man sich sowieso nie auf eine einheitliche Angabe einigen können wird, da die Vorstellung von Freiheit von Person zu Person individuell definiert wird.

Deswegen wird Freiheit am sinnvollsten zunächst in die verschiedenen Unterarten von Freiheit unterteilt, wie zum Beispiel in Wahlfreiheit, Willensfreiheit, Religionsfreiheit, politische-, soziale oder Meinungsfreiheit. Auch diese Einteilung verhindert eine einheitliche Definition davon, da sich die Bereiche, auf die sich die Freiheit bezieht, grundlegend unterscheiden. Aufgrund dessen ist es möglich Freiheit zu erfahren, unabhängig von Beruf, Stellung, Geschlecht, Religion etc.

Der Begriff Sicherheit ist schon etwas greifbarer, da die Elemente Gesundheit, soziale Sicherheit (Freunde, Familie), ein lebenswerter Wohnraum und generell die Deckung der Grundbedürfnisse essenzielle Bestandteile der „Emotion" Sicherheit sind. Emotion deshalb, da Sicherheit kein klar definierter Zustand ist, wie zum Beispiel die Temperatur einer ist und auch nicht wirklich messbar: Sicherheit spürt man, man fühlt sich sicher, oder eben auch nicht.

Um mich besser auf das Zitat beziehen zu können möchte ich zuerst einmal die Begriffe „Freiheit" und „Sicherheit" näher beleuchten. Freiheit. Was ist das überhaupt? Ist es ein Zustand des Nicht-Gezwungen-Werdens? Ein Leben ohne Regeln und Grenzen oder ist es viel

---

[1] Wird Aristoteles zugeschrieben

mehr? Wenn man bedenkt, dass der Mensch sich keinen Regeln und Gesetzen unterwerfen müsste, wäre das dann überhaupt eine Art Freiheit oder existiert diese ohne die Regeln gar nicht mehr?

Denn wenn es überhaupt keine Regeln mehr gäbe, dann wäre dies der Normalzustand und kein explizites „Frei Sein". Frei sein kann der Mensch nur, wenn es davor etwas gegeben hat, das eine gewisse Unfreiheit ausmacht. Ein Zustand von dem es sich abzulösen gilt und von dem man sich befreien kann. Demnach ist Freiheit ein Zustand der auf einen ersteren folgen muss, um überhaupt existieren zu können, eine Folgeerscheinung.

Generell gesehen ist Freiheit etwas, das im Bezug auf Andere deutlicher ersichtlicher wird, weil dann eine Vergleichsmöglichkeit besteht. Beispiel: Die Person X möchte sich Bildung verschaffen, hat aber keine Geldressourcen zur Verfügung oder muss sich über eine Arbeit das dafür nötige Geld verdienen.
Die Person Y muss sich um Geld keine Sorgen machen, das regeln die Eltern. Somit können zwar beide Personen prinzipiell dasselbe erreichen, aber Person Y braucht bloß zu wählen, somit hat sie die Wahlfreiheit, während die Person X zwar auch wählen kann, aber im Hinterkopf steht immer die Frage, was diese Person zusätzlich leisten müsste, um überhaupt ihre Wahlfreiheit auszukosten.

Womöglich fällt sogar die eine oder andere Möglichkeit weg. Person X ist also unfreier als Person Y, da sie zwar auch die Freiheit hat zu wählen, jedoch kann sie sich nicht aussuchen, was für zusätzliche Pflicht mit ihrer Wahl anfällt (die Pflicht des Geldverdienens).
Würde jetzt aber nur eine von beiden Personen existieren, dann würde jene Person (unabhängig davon welche von Beiden) selbst das größte Maß an Freiheit besitzen, weil es ja Niemanden anderen gäbe bei dem eine Vergleichsmöglichkeit bestünde, was aber auch gleichzeitig bedeutete, dass es nicht als Freiheit, sondern als der Zustand der Normalität wahrgenommen würde

Wenn nur ein einziger Mensch auf der gesamten Welt existieren würde, dann möchte man doch meinen, dass dieser das höchste Maß an Freiheit hat, da er sich keinen Regeln unterwerfen muss, keine Rücksicht auf Andere nehmen muss, nichts und vor Allem nicht seine Freiheit teilen muss, jedoch fehlt diesem Menschen die Freiheit mit anderen Seinesgleichen zu kommunizieren und sich fortzupflanzen, was eines der Grundbedürfnisse der menschlichen Spezies ist und ein ungedecktes Grundbedürfnis ist für den Menschen um einiges schwerwiegender, als die Pflicht das Leben auf der Erde und seine Freiheiten mit Anderen zu teilen

Somit ist also die Vorstellung von einem Leben ohne Grenzen eine Utopie, allein schon auf Grund der Bevölkerung. Dazu kommt noch, dass die Möglichkeiten der Menschen gewisse Dinge zu tun begrenzt ist, somit müsste doch zum Beispiel ein Vogel freier sein als der Mensch, da dieser in der Lage ist sich in der Luft und am Boden zu bewegen, während sich der Mensch zum größten Teil, zumindest ohne zusätzliche Hilfsmittel, auf den Platz am Boden beschränken muss. In diesem Sinn kann aber kein Lebewesen vollkommen frei sein: Selbst der Vogel kann unter Wasser oder unter der Erde nicht existieren. Die Umwelt macht uns in gewisser Weise unfrei, andererseits ermöglicht gerade sie uns Allen das Leben.

Sobald aber noch ein zweiter Mensch auf der Welt existiert, wird sich dieser automatisch und vielleicht sogar freiwillig dem ersten Menschen unterwerfen. Oder er wird dazu gezwungen.

Dann mag es im ersten Moment so erscheinen, als hätte Jener von den Beiden, der quasi die Macht hat, ein größeres Maß an Freiheit, da er ja bestimmt was geschieht, doch auch diese Freiheit beinhaltet größere Grenzen, als man im ersten Moment annehmen würde: Wenn der Mächtige seine Macht und somit seine „Freiheit" behalten möchte, dann muss er sich um den Unterworfenen kümmern und muss somit eine gewisse Verantwortung für ihn übernehmen, was wiederum eine Pflicht ist und mit einer Art Unfreiheit einher geht.

Der Unterworfene aber, sollte er sich das Sich-Unterwerfen ausgesucht haben, besitzt eine viel größere Freiheit, denn er hat sich die Rolle des Unterworfenen ja ausgesucht, womit er auch Verantwortung ablegen kann und sich beschützen lassen kann.

Somit hat doch dieser eine größere Freiheit als der Mächtige, denn der hat sich seine Rolle zwar auch ausgesucht, muss aber etwas dafür tun, um diese zu behalten, was ihm wiederum ein Stück von seiner Freiheit nimmt. Er muss teilen was er hat, der Unterworfene will sogar teilen, also hat doch Letzterer „gewonnen" oder? Er tauscht zwar seine Freiheit im Sinne von seiner Eigenverantwortung etc. gegen die Sicherheit, die er von dem Mächtigen im Gegenzug erhält, sogar erhalten muss, erlangt bei diesem Eintausch seiner Freiheit aber erneut Freiheit, da es ja sein eigener Wille war.

Dazu kommt auch noch die Tatsache, dass Freiheit weder positiv noch negativ bewertet werden kann, denn Freiheit bedeutet nicht automatisch eine gute Sache, die Gefühle eines Menschen könnten sich durch ein zu großes Maß an Freiheit auch in das genaue Gegenteil verwandeln da sich die Person zum Beispiel verloren fühlt und Angst aufkommt. Die anfängliche Freiheit schlägt also in Angst um, welche wiederum mit Unfreiheit einhergeht.

Generell beweisen Emotionen, dass Freiheit nicht automatisch ein positiver Zustand sein muss, da zwei sich liebende Menschen sich zwar in eine gewisse Unfreiheit begeben (gegenseitige Abhängigkeit, Entscheidungen können nicht mehr von der Person allein getroffen werden, der Zweite wird immer einen Einfluss darauf haben, ob bewusst oder unbewusst ist irrelevant), dennoch ist dieser Zustand ihre eigene bewusste Wahl und er bringt für die Beiden ein viel größeres Glück, und andere Freiheiten, als wenn sie ihre ursprüngliche Freiheit behielten.

Oft wird die Frage nach der Freiheit als ein Zustand des Nicht-Gezwungen-Werdens, einem Leben ohne jegliche Regeln, Grenzen oder Autoritäten beschrieben. Ein „Tun und lassen können was man will", was aber in meinen Augen eine sehr flüchtige und sehr oberflächliche Betrachtung ist, da Freiheit doch sehr viel mehr beinhaltet als dieses eben beschriebene Dasein. Vor allem der Mensch, wenn dieser ewig und verzweifelt auf diesen einen Idealzustand hinstrebt, der aber von vorneherein aus einer Irrealität resultiert, wird niemals auch nur Ansätze davon erreichen können, da er sich mit dieser Suche nach etwas Unmöglichen selbst die größte Unfreiheit konstruiert.

Es gibt ein Sprichwort, welches besagt, dass das Gute ohne das Schlechte nicht sein kann, was sich relativ gut auf die Begriffe Freiheit und Sicherheit umlegen lässt, was aber nicht bedeuten soll, dass die Beiden gegenteilig sind wie Gut und Böse, aber eben dass das eine ohne das Andere nicht sein kann: Würden wir kein Gut kennen, dann wäre das Schlechte nicht schlecht, da kein Vergleich besteht und umgekehrt.

Wer also zumindest in Teilbereichen frei ist, muss sich sicher fühlen können, da ihm die Angst oder Sorge die mit der Unsicherheit einhergeht eine viel größere Unfreiheit bescheren würde. Und wer sicher sein will, braucht zumindest eine gewisse Lebensfreiheit im engeren Umfeld, da sich ein Mensch, der zum Beispiel keine Entscheidungs-, Meinungs- oder Religionsfreiheit besitzt, nicht sicher fühlen kann. Um diese Aussage etwas besser zu verstehen möchte ich diese mit einem Beispiel unterlegen:

Ein Mädchen lebt mit ihrer streng gläubigen muslimischen Familie, wird dazu gezwungen ein Kopftuch zu tragen und ihr wird verboten sich mit Jungen zu treffen. Sie selbst hält aber nichts von der Religion, hält sich aber aus Angst an die Regeln ihrer Eltern.

Somit ist sie in dieser Hinsicht unfrei und die Angst die sie vor ihren eigenen Eltern hat, nimmt ihr ein Stück ihrer Sicherheit, da die Familie im Normalfall ein Ort der Geborgenheit sein sollte und nicht ein Ort des Zwanges, der Angst und des Widerspruchs. Wenn sie sich dies aber selbst aussucht und aus freien Stücken ein Kopftuch trägt wird ihr dieses auch ein Maß an Sicherheit geben, da es ja auch in ihren, nicht nur in den Augen der Eltern, zu diesem Zeitpunkt die für sie beste Entscheidung ist.

Demnach ist es nicht möglich den einen Zustand vollkommen abgetrennt vom anderen zu erreichen. Somit hat zwar Aristoteles Recht, dass wer die Freiheit aufgibt gleichzeitig auch die Sicherheit verliert wobei man das Gleiche umgekehrt genauso sagen muss:
Wer die Sicherheit nicht zumindest irgendwo behält, kann auch nicht vollkommen frei sein. Allein wenn man unsicher lebt oder sich unsicher fühlt, entstehen automatisch andere Emotionen wie Unmut, Unwille und vielleicht sogar Angst, welche die Freiheit zu einem gewissen Maß einschränken.

Der Mensch an sich ist ein freies Wesen im Bezug aufeinander: Prinzipiell hat niemand das Recht, und das Wort Recht beinhaltet die Richtigkeit also das Richtige, einen Anderen zu unterdrücken oder gegen dessen Willen über ihn zu herrschen somit ist das Zitat Aristoteles' welches besagt wer die Freiheit für die Sicherheit aufgäbe wäre „zu Recht" ein Sklave, von vorneherein zu kritisieren und als falsch darzulegen.

Außerdem stellt sich die Frage wo beginnt die Freiheit eines Jeden und wo hört sie auf? Wenn die Person X sich die Freiheit nehmen möchte den Anderen zu unterwerfen hört sich diese im Sinne der Menschenrechte auf, da sich der Eine zwar die Freiheit nimmt den Anderen zu unterwerfen, doch somit nimmt er dem Anderen die seine.

Somit: Die Freiheit des Einen hört da auf, wo die Freiheit des Anderen beginnt. Und wieder wird belegt, dass ein Zustand der vollkommenen Freiheit nicht möglich ist, aufgrund von Moral und Respekt anderen gegenüber. Irgendwo muss eine Grenze gezogen werden, sonst ist ein friedliches oder langfristiges Zusammenleben nicht möglich.

Vor allem nimmt Jener, der den Anderen seiner Freiheit beraubt sich selbst die eigene Sicherheit, denn wie könnte er davon ausgehen, dass ihm nicht dasselbe widerfahren könnte, wenn er selbst in der Lage ist so zu denken und so zu handeln? Würden sich aber von vorneherein alle an gewisse Grenzen halten, so wäre auch eine gewisse Sicherheit zumindest in diesem Sinne gewährleistet und mit der Sicherheit würde gleichzeitig auch das Maß an Freiheit wieder steigen.

Somit steigt in einer Gemeinschaft, die das altruistische Gedankenkonzept als Maßgabe für ihr Handeln voranstellt, die Freiheit für alle und in weiterer Folge auch die Möglichkeit für den Einzelnen in einem sicheren Rahmen seine individuellen Wünsche, Ziele und Vorstellungen verwirklichen zu können.

3 Kurze Erklärung zur vorliegenden Arbeit

In den folgenden Kapiteln ist es das Ziel, ein paar der auch gerade im Essay angesprochenen Themen etwas näher zu beleuchten, als auch den Leser zum Denken anzuregen. Die Kapitel wurden mithilfe von Informationen vieler großer, aber auch kleiner Denker, wie zum Beispiel mir selbst, verfasst und versuchen einen vielleicht besseren Durchblick zum Thema ‚Freiheit' zu ermöglichen. Ich habe ein paar wichtige, vor allem auch sich gegenüberstehende und teils auch extremistische Strömungen ausgewählt, um möglichst diverse Ansichten vorzustellen, jedoch konnte ich nicht jeden Aspekt der Freiheit bearbeiten, da das bei so einem, ich würde fast sagen unendlichen Thema, welches so viele verschiedene, und gegensätzliche aber dennoch voll und ganz nachvollziehbare Lösungen hat, beinahe unmöglich ist.

4 Determinismus

„Der Determinismus ist wahr. Freiheit gibt es nicht."[2]

Es erhebt sich die Frage nach der Willensfreiheit. Gibt es überhaupt einen freien Willen oder ist alles vorherbestimmt?

4.1 Was bedeutet Determinismus?

Der Begriff „Determinismus" kommt von dem lateinischen Wort „determinare" was soviel heißt wie „festlegen", „bestimmen" oder „begrenzen".[3]

Der Determinismus bestreitet den freien Willen, die Willensfreiheit. Er behauptet, dass jedwedes menschliches Handeln eine logische Folgeerscheinung des bisher Geschehenen ist beziehungsweise, dass alles was passiert determiniert, das heißt vorbestimmt ist. Keine einzige Handlung hat etwas mit dem freien Willen zu tun, es gibt nur eine einzige Art wie der Lauf der Dinge ist oder sein wird und daran lässt sich nichts ändern, wir haben laut den Deterministen also absolut keinen Einfluss darauf.

Der Determinismus existiert aber in mehreren Bereichen des Lebens, nicht nur in der Philosophie.[4]

Zum Beispiel gibt es den physikalischen Determinismus, welcher besagt, dass der einzige Grund, weshalb wir nicht alles, was in der Zukunft liegt, messen und berechnen können, nicht die Möglichkeit, dass sich alles ändern könnte ist, sondern die Ungenauigkeit und die nicht ausreichenden wissenschaftlichen Methoden, Regeln oder Gesetze. Wären diese aber vorhanden, wäre eine genaue Auslegung der zukünftigen Ereignisse (in der Physik natürlich) möglich, da alles determiniert ist.[5]

Der Determinismus hält also daran fest, dass jedes einzelne Ereignis aus gewissen Gesetzen und logischen Abfolgen resultiert. Als radikaler Vertreter des Determinismus müsste man

---

[2] http://www.philosophie.rwth-aachen.de/global/show_document.asp?id=aaaaaaaaaabpfap (Stand: 04.02.16, 15:16h)
[3] Vgl. http://de.pons.com/%C3%BCbersetzung/latein-deutsch/determinare (Stand: 04.02.16, 15:32h)
[4] Vgl. http://mb-soft.com/believe/tgxtm/determin.htm (Stand: 04.02.16, 16:35h)
[5] Vgl. https://de.wikipedia.org/wiki/Determinismus (Stand: 04.02.16, 16:47h)

sich eigentlich die Frage stellen ob es dann überhaupt eine Sinn macht einem Straftäter eine in unseren Augen der Straftat entsprechende Strafe zuzuteilen wenn der Betroffene dem Determinismus zufolge keine Schuld trägt da sein Handeln eine bloße weitere Konsequenz der Dinge die bereits weit vor seiner Geburt passierten, ist. Er hatte letztendlich nicht die Freiheit seine Handlungen selbst auszusuchen. So wie sonst auch niemand auf der Welt. [6]

> „Der Mensch sei ein *Automat*, dem das Ziel der Erhaltung und Förderung seines Lebens einprogrammiert sei." (Liessman, Vom Denken, S. 83)

Um nun mit der Ansicht der Deterministen die Frage nach der Freiheit zu beantworten, müsste die Antwort darauf ganz deutlich „nein" heißen. Wo sollte denn die Freiheit liegen wenn alles von vorneherein vorherbestimmt ist und wir keine Möglichkeit dazu haben das Vorherbestimmte zu beeinflussen oder mitzugestalten?

4.2   Widerlegung des Determinismus von Sartre

Laut Sartre gibt es gewisse Ursachen für gewisse Handlungen. Er meint aber nicht dieselben Gründe, die in den Augen der Deterministen ausschlaggebend sind, sondern welche, die er auf Grund von phänomenologischen Beobachtungen seinerseits vertritt. Erstens meint er, dass es keinen einzigen von außen kommenden Zustand, sei es politischer, gesellschaftlicher oder psychologisch bedingter Art, gibt, welcher als reiner Zustand eine Person zu irgendeiner Handlung motivieren kann. Eine Handlung kann nur durch Selbstreflexion und Erkennung irgendeines Mangels geschehen. Die äußeren Umstände motivieren den Menschen also zur Selbstreflexion und aufgrund dieser kann dann von innen heraus eine Veränderung geschehen. Zweitens kann kein tatsächlicher Zustand, das heißt ein Zustand „wie etwas zu dem Zeitpunkt ist", auf etwas hinweisen was nicht da ist, auf einen Mangel also. [7]

Als Beispiel kann man bei einer Mauer nicht wissen, ob sie überhaupt vollendet ist, sie wird uns aber nicht darauf hinweisen, sondern der Mensch kann sich durch Nachdenken einen Zweck setzen, für den eine Verlängerung nötig ist, oder einen Mangel erkennen

---

[6] Vgl. https://www.psychologie.uni-heidelberg.de/ae/allg/lehre/030623_Freier_Wille.pdf (Stand: 04.02.16, 17:00)
[7] vgl. STÖCKLIN, Sara: „Zur Freiheit verurteilt". Eine Untersuchung von Sartres Freiheitsbegriff. GRIN Verlag. 2005. S. 8-9

und diesen durch die Selbstreflexion erkennen und ausmerzen. Um das ganze noch einmal zusammenzufassen: Der Mensch kann nur handeln, wenn ein gewisser Zweck, zu oder für den es zu handeln gilt, vorhanden ist. Diesen Zweck wiederum kann nur er selbst sich setzen, wenn er beispielsweise einen Mangel erkennt.[8]

Die Gründe oder die Ziele (Zweck) der meisten Handlungen seien in den meisten Fällen eine gewünschte Verbesserung, der Wunsch oder die Sehnsucht nach Glück, Zufriedenheit, Gesundheit etc. Die Motivation für eine Veränderung oder eine Handlung kann aber nicht von äußeren Umständen wie Armut kommen, sondern im Gegenteil, erst wenn der Mensch erkennt, dass es einen anderen Weg, eine andere Möglichkeit gibt zu leben, oder, dass das zum Zeitpunkt der Einsicht gelebte Leben nicht dem Wunschleben entspricht, sieht er durch und über die Selbstreflexion ein, dass dem so ist und kann daraufhin in seinem Sinne, und in vollkommener Freiheit handeln und etwas an seiner Situation verändern. An diesem Punkt differenziert Sartre auch deutlich zwischen den zwei Begriffen „Ursache" und „Motiv". Eine Ursache, so wie es sie in den Naturwissenschaften gibt, hat im Vergleich zu einem Motiv, gewissermaßen immer eine mehr oder weniger fixe Folgereaktion. So meint er, sei unsere Geburt, die quasi ohne unsere Entscheidung passiert, eine Ursache, jedoch die Situationen und Dinge, mit denen wir tagtäglich in unserem Leben konfrontiert werden, das sind in seinen Augen Motive. Der Determinist ist nun der Ansicht, dass auf ein Motiv, gleich wie auf eine Ursache, eine fixe Reaktion folgt. Im Vergleich dazu meint Sartre, der Mensch dessen Existenz als einziges Lebewesen der Essenz vorausgeht, sei dazu in der Lage sich von dieser Reihe aus Reaktionen zu lösen. Er wird von und durch nichts zu irgendetwas gezwungen, er hat also die Möglichkeit auf beliebige Motive frei wie er ist, beliebige Handlungen folgen zu lassen. Vor allem kann er dies aber, da er dem Motiv nur aufgrund seines menschlichen Bewusstseins einen gewissen Wert zuschreiben kann. Ein Motiv existiert erst dann, wenn wir es als solches wahrnehmen. Das bereits Geschehene und Erlebte beeinflusst die Handlungen zwar, bringt aber nicht automatisch eine bestimmte Folgereaktion, von dem die Deterministen überzeugt sind, da diese frei gewählt werden kann. [9]

Wenn ich beispielsweise einer Arbeit nachgehe, die mir absolut keine Freude macht, aber ich das Geld dringend nötig habe, so ist dies trotzdem kein Zwang, sondern meine

---

[8] vgl. ebd.
[9] vgl. ebd. S.10-11

freie Entscheidung, da ich mich im Allgemeinen für das Leben entschieden habe. Mein Motiv wäre in dem Fall die existenzielle Angst, meine Freiheit der Wunsch zu leben. Starke Emotionen oder Sehnsüchte zwingen den Menschen auch nicht zu Handlungen, sondern der Mensch entscheidet sich frei für gewisse Emotionen oder Sehnsüchte und richtet anschließend seine Zwecke und Motive auf diese aus. [10]

5   Willensfreiheit. Gibt es einen freien Willen?

Inwiefern basieren unsere Entscheidungen tatsächlich auf einem freien Willen? Gibt es diesen freien Willen überhaupt oder ist dieser nur Schein?

5.1   Handlungsfreiheit

Um näher auf die Willensfreiheit eingehen zu können, möchte ich zuerst etwas näher auf die „Handlungsfreiheit" eingehen.

Handlungsfreiheit ist dann gegeben, wenn der Mensch in der Lage ist, seinem Willen gemäß zu handeln oder auch gewisse Handlungen zu unterlassen. Wenn er in der Lage ist abzuwägen und frei (was die äußeren Umstände betrifft) zu entscheiden, welche der Handlungsoptionen ihm am meisten zusagt. Absolute Handlungsfreiheit besteht aber nur und ausschließlich wenn die Ausführung jeder einzelnen Handlungsoption auch tatsächlich möglich wäre. Wenn also eine gewünschte Handlung ausgeführt wird oder auf Wunsch hin ausgeführt werden könnte dann besteht Handlungsfreiheit. Hierbei wird auch deutlich, dass eine absolute Handlungsfreiheit nicht möglich ist, da es immer gewisse Dinge gibt, die ein Mensch, egal durch welche ihn daran hindernden Umstände, unterlassen muss.   Im Nachhinein betrachtet ist eine Handlung nur dann frei wenn sie nicht durch irgendwelche Umstände erzwungen war, also wenn sie tatsächlich nur auf dem Willen der Person basiert und wenn sie zum Beispiel auch unterlassen werden hätte können, sofern der Wille einer

---

[10] vgl. ebd. S. 11

15

anderen Handlung bestanden hätte. Oder einfach der Unwille für diese spezifische Handlung.[11]

Ein typisches Beispiel für eine nichtvorhandene Handlungsfreiheit wäre der Gefangene, der seinem Wunsch das Gefängnis zu verlassen wegen physischer Einschränkungen oder Zwänge (in dem Fall die Gitterstäbe) nicht folgen kann. Was wäre aber, wenn er das Gefängnis gar nicht verlassen wollte, dann würde man doch meinen, es gäbe auch keine Einschränkung der Handlungsfreiheit, da hier kein direkter Wunsch vorhanden ist. Doch dies täuscht, denn für die Handlungsfreiheit ist es nicht wichtig, ob der Wille überhaupt da ist, sondern der Gefangene ist auch dann in seiner Handlungsfreiheit eingeschränkt, wenn er das Gefängnis gar nicht verlassen will, weil er es eben nicht einmal könnte, sollte er dies wollen.[12]

Aristoteles beschreibt die Handlungsfreiheit als die Möglichkeit für ein, von der betroffenen Person selbst ausgehend, vorgegebenes Ziel die richtigen Mittel zur Durchsetzung zu finden. Im Grunde, meint er, geht es also um die Realisierung der eigenen Pläne, Wünsche, Träume etc. Nicht aber um die der Sehnsüchte, denn diese sind wiederum meist auf Grund irgendeines Triebes gegeben. Völlige Handlungsfreiheit besteht ausschließlich dann, wenn das Handeln eines Menschen weder von äußeren, also politischen, sozialen, religiösen, ökonomischen, als auch von inneren, wie etwa psychischen oder neurotischen Zwängen, eingeschränkt ist.[13]

5.2 Willensfreiheit

„Für viele Philosophen ist jedoch der eigentliche Kern der Freiheitsfrage die Problematik der *Willensfreiheit*: Inwiefern hat der Mensch die Fähigkeit, über Nachdenken und Reflexion [nicht auf Grund von Trieben oder Bedürfnissen] sich selbst eigene Werte und Ziele erarbeiten zu können? Inwiefern ist er *frei zu* individueller Sinngebung?"

(Liessmann, Vom Denken, S. 83)

---

[11] Vgl. http://philo.at/wiki/index.php/Willensfreiheit_(FiK)#Handlungsfreiheit_und_Willensfreiheit (Stand: 15.02.16, 12:02)
[12] Vgl. ebd. (Stand: 15.02.16, 12:11)
[13] vgl. LIESSMANN, Konrad. ZENATY, Gerhard: Vom Denken. Braumüller. 1996. S. 83

Im Vergleich zur Handlungsfreiheit oder Handlungsunfreiheit eigentlich, die eng mit äußeren Zwängen verbunden ist, beschäftigt sich die Frage nach der Willensfreiheit eher mit dem Inneren also der psychischen Komponente, welche die Handlungen von innen anstatt von außen beeinflusst. [14]

Wenn eine Handlung auf dem freien Willen basiert, so ist diese eine freie Handlung. Somit wäre eine Handlung, die nicht auf dem freien Willen basiert, ein Ausdruck von Unfreiheit. Das heißt der Wille bedingt die Freiheit als auch die Unfreiheit. Unfreiheit deshalb, weil diese entsteht, wenn der Wille nach Dingen die oft unerreichbar oder schlichtweg unmöglich sind, vorhanden ist. Wäre dieser „unlogische" Wille nicht vorhanden, stünden wir uns selbst nicht noch weiter im Weg, und würden damit aufhören, uns ständig selbst die größten Formen der Unfreiheit zu konstruieren.[15]

5.3   Freier Wille

Nun muss man sich aber die Frage stellen ob eine Entscheidung nach freiem Willen tatsächlich als eine solche gilt, oder ob dies nur scheinbar der Fall ist: Der Wille hängt von verschiedenen Faktoren und Umständen ab, vor allem aber von den äußeren Umständen. Die Umstände, die einer Person geboten werden, geben dieser Person quasi ihren Spielraum, in dem sich die Person nun umsehen, und nach ihrem „freien Willen" für oder gegen irgendetwas entscheiden kann. [16]

Nun kann aber der Mensch an Hand von z.B. Werbung stark beeinflusst werden und es wird ein künstlicher Wunsch nach beispielsweise Schokolade erzeugt. Inwieweit ist hier nun noch die Freiheit im freien Willen enthalten, wenn dieser Wille gar nicht echt ist, gar nicht von Innen kommt sondern von Außen? Man gehe von dem fremden Willen einer Person aus, Geld zu verdienen. Dieser wird zu erfüllen versucht an Hand eines gewissen Produkts, welches es so effizient und so oft als möglich zu verkaufen gilt. Hierzu wird dafür gesorgt,

---

[14] vgl. LIESSMANN, Vom Denken, S. 83
[15] vgl. BIERI, Peter: Das Handwerk der Freiheit, über die Entdeckung des eigenen Willens. Fischer Taschenbuch Verlag. 2006. S. 43
[16] vgl. ebd. S. 49-50

dass sich bei den Konsumenten ein künstlicher Wille einschleicht (mit Hilfe von eben zum Beispiel Werbung). Dieser Wille ist folglich aber nur ein Scheinwille, denn er hätte auch ein komplett anderer sein können als er tatsächlich war, vorausgesetzt, die Umstände wären andere gewesen.[17]

Es kann also sein, dass etwas auf uns wie Freiheit wirkt, die Freiheit, eine gewisse Handlung durchzuführen, wenn die Mittel zur Umsetzung vorhanden sind. Jedoch ist hier die langfristige Unfreiheit, die entsteht, da sich dieses Schema immer und immer wieder wiederholt und sich durch unser gesamtes Leben zieht, viel größer, als die Scheinfreiheit, die wir durch die kurzfristige Erfüllung unseres künstlich erzeugten Wunsches erlangen.

Da wir uns dessen aber meist nicht bewusst sind, sehen wir nur unser „Bedürfnis", welches erfüllt wird, was uns zufriedenstellt (unabhängig davon ob dieses Bedürfnis nun von innen oder von außen kommt) und beweist, dass das größte Maß an Freiheit nicht automatisch das größte Maß an Glück bedeutet.[18]

Demnach handelt also jeder und jede von uns nicht so, wie wir tatsächlich nach unserem freien Willen handeln würden, sondern so wie die Umstände es uns erlauben und von uns verlangen. Das heißt der Mensch tut Dinge, die ihm in diesem Moment, wenn die Umstände anders gewesen wären, eigentlich nicht eingefallen wären, aber dennoch als der eigene „freie" Wille empfunden werden.

> „Die Frage war, ob es uns stört, dass wir in unserer Willensbildung *überhaupt* von einem Spielraum von Gelegenheiten abhängen, den wir nicht selbst geschaffen haben, gleichgültig, wie groß er sein mag. Und da ist die Antwort: nein. Auch nach der Revolution kann ich nicht Beliebiges wollen, sondern nur solches, das die neue Welt als Möglichkeit enthält. Das ist einfach deshalb so, weil jede Welt eine *bestimmte* Welt ist, die in ihrer Bestimmtheit Grenzen setzt und tausend Dinge ausschließt. Und wir *brauchen* diese Bestimmtheit und diese Grenzen, damit auch unser Wille jeweils ein *bestimmter* Wille sein kann. [...] Die Grenzen, die dem Willen durch die Welt gezogen werden, sind kein Hindernis für die Freiheit, sondern deren Voraussetzung."
> (Bieri, Das Handwerk der Freiheit- über die Entdeckung des eigenen Willens. S. 50-51)

---

[17] vgl. ebd. S. 50-52
[18] vgl. ebd.

5.4 Das Konzept der Willensfreiheit in neurowissenschaftlicher Betrachtung anhand des Libet-Experiments

Die Willensfreiheit ist vermutlich eines der meist umstrittenen Themen in der neueren und zeitgenössischen Philosophie, wobei die Frage nach der Freiheit und die verschiedenen Auffassungen dazu in der abendländischen Philosophie sowieso allgegenwärtig waren. Nun findet diese Diskussion aber längst nicht nur mehr unter den Philosophen statt, sondern hat sich ihren Weg mittlerweile auch schon in den Bereich der Wissenschaft, genauer gesagt, der Neurowissenschaft gebahnt und entfacht auch dort brennende Diskussionen und unglaubliche Entdeckungen in der Forschung.[19]

Benjamin Libet war ein US-amerikanischer Neurophysiologe, welcher vor gar nicht allzu langer Zeit, das heißt im Jahre 1979, eine Reihe von Versuchen unter dem Namen „Libet-Experiment" zum Thema der Willensfreiheit durchgeführt hat. Das Experiment beschäftigt sich mit den klassischen Fragen, inwieweit unsere Entscheidungen oder Handlungen frei sind, oder ob alles nach einem gewissen Plan und nur aufgrund von Ursachen passiert, fern von unserem Einfluss. Ziel war es, die zeitliche Abfolge von einer aktiven, also bewusst getroffenen Handlungsentscheidung einer Person, und die dementsprechende körperliche Reaktion zu messen.[20] Anhand dieses Experiments entdeckte er, dass im Gehirn noch bevor sich eine Person bewusst für oder gegen etwas entschließt, bereits Bewegungen zu dieser Handlung eingeleitet werden. [21]

Wenn es einen freien Willen gäbe, würden die Entscheidungen, die wir treffen, prinzipiell auf bewusstem Abwägen und quasi einem inneren Monolog zu den Vor- und Nachteilen einer Handlung oder Handlungskette basieren. Doch genau dies bezweifelt Benjamin Libet, er befürchtet, unsere Handlungen seien Ergebnis unterbewusster Prozesse, und das Bewusstsein konstruiere erst nachträglich irgendeinen plausiblen Grund für die betroffenen Handlung. Der Aufbau des Experiments ist eigentlich relativ simpel. Libet bat die Teilnehmer dabei nur ihre Hand etwas zu beugen. Den genauen

---

[19] vgl. http://campus.uni-muenster.de/fileadmin/einrichtung/egtm/pbsurvey/Willensfreiheit.pdf (Stand: 18.02.16, 12:11)
[20] vgl. http://www.planet-wissen.de/natur/forschung/hirnforschung/pwiedaslibetexperiment100.html (Stand: 18.02.16, 18:12)
[21] vgl. http://www.spektrum.de/news/die-wiederentdeckung-des-willens/1341194 (Stand: 18.02.16, 18:13)

Zeitpunkt, zu dem sie die Hand beugten, konnten diese aber frei entscheiden. Danach sollten die Teilnehmer aufschreiben wann genau sie sich dazu entschieden haben ihre Hand zu beugen, wobei ihnen eine Oszilloskopuhr (spezielle Uhr zur genaueren Messung, deren Umlaufzeit nur 2,56 Sekunden beträgt), die sie während des Experiments immerzu anschauen sollten, behilflich war. [22]

Nun wollte er wissen, ob entweder der bewusste Entschluss oder unterbewusste Hirnprozesse für die Handbewegung zuständig waren. Hierfür wurden anhand der Elektroenzephalografie (abgekürzt: EGG, eine Methode der neurologischen Forschung, die zur Messung der elektrischen Aktivität des Gehirns dient) die Handlungsbereitschaft und mittels Elektromyografie (EMG) die Muskelaktivität gemessen. Aus diesen Messungen ergab sich, erstaunlicherweise, dass die Teilnehmer (insgesamt 40 Versuchspersonen) ihren Entschluss, die Hand zu bewegen, durchschnittlich 0,2 Sekunden vor der tatsächlichen Handlung fassten, darüber hinaus, dass das Bereitschaftspotential bereits 0,5 Sekunden vor der Handlung auftrat.[23]

Natürlich lässt die Kritik am „Libet-Experiment" vor allem von der Seite der Philosophen, die vom freien Willen überzeugt sind, nicht lange auf sich warten. Die Hauptargumente gegen das Experiment sind folgende: Das Experiment beinhaltet keine „echte" Entscheidung, Handlungen basieren auf Gründen/Motiven, nicht auf Ursachen, im Experiment wird jedoch nur auf eine Ursache, nicht auf etwaige Gründe geachtet. Außerdem, warum sollte man den eigenen Willen und das eigene Gehirn voneinander trennen, so sind doch beide Teile von uns selbst. [24]

6   Sartres Freiheitsbegriff

Der Philosoph Jean-Paul Sartre wurde am 21.Juni im Jahre 1905 in Paris geboren und war einer der vehementesten, wenn nicht überhaupt *der* Vertreter der Willensfreiheit. [25]

---

[22] vgl. ebd.
[23] vgl. http://www.astro.physik.uni-potsdam.de/~afeld/vortrag_libet.pdf (Stand: 18.02.16, 18:56)
[24] vgl. ebd. (Stand: 18.02.16, 19:14)
[25] https://www.hdg.de/lemo/biografie/jean-paul-sartre.html (Stand: 20.02.16, 10:44)

Bevor Sartre die Verneinung des Willens an sich kritisiert, kritisiert er die Trennung der beiden Begriffe „handeln" und „entscheiden". Für ihn bedeuten sie nämlich dasselbe. Er meint die Verschiedenheit dieser zwei Dinge wäre ein Irrtum, was er so begründet: Die Entscheidung, die angeblich der tatsächlichen Handlung vorrausgeht, bedarf an Zeit, so wie jeder Akt, jede Handlung im Leben Zeit braucht. So kann es passieren, dass es für uns so scheint, als wäre die Vollziehung, das Ende, das vielleicht erreichte Ziel alleine die Handlung, doch diese Handlung eben, beginnt schon zum Zeitpunkt der Entscheidung und zieht sich von der Entscheidung, über sämtliche Vorbereitungen oder Nebenhandlungen bis hin zur Vollendung, dem Ziel, welches schlussendlich erfolgt.[26]

Man müsse aber überhaupt nicht so weit denken, um dies zu verstehen, da der Begriff „Entscheidungsakt" an sich dieselbe Information behielte: Ein Akt ist mit einer Handlung gleichzusetzen, und eine Entscheidung ist definitiv ein Akt, was wiederum heißt, dass eine Entscheidung genauso viel Handlung ist, wie die letztliche Vollziehung der Entscheidung. Man darf also nicht nur das Ziel sehen, sondern man muss auch den Weg und den ersten Schritt (die Entscheidung) schon als entweder Teil einer größeren Handlung, oder aber als alleinige Handlung selbst sehen.

Wenn jetzt zum Beispiel ein Raucher ein brennendes Streichholz wegwirft und damit aus Versehen eine Explosion auslösen würde, dann wäre dies keine Handlung, weil es unbeabsichtigt und ohne Motiv war. Eine Handlung verlangt also, in seinen Augen, immer ein Motiv, um tatsächlich als Handlung dazustehen. [27]

Hier ein Beispiel um das eben gesagte etwas besser zu veranschaulichen: Angenommen ich treffe jetzt, bevor ich die Schule beendet habe, die Entscheidung, gleich danach in den Urlaub, beispielsweise nach Kroatien zu fahren, dann setzt sich diese Überlegung nun aus verschiedenen Teilhandlungen, wie unter Anderem das Buchen und Vorbereiten der Reise, zusammen. Jede dieser Teilhandlungen ergibt zusammen die Gesamthandlung, also die Entscheidung.

---

[26] vgl. http://www.sartreonline.com/Willensfreiheit%20bei%20Schopenhauer%20und%20Sarte2.pdf (Stand: 18.02.16, 16:47)
[27] vgl. ebd.

Oft wird eine Handlung dann als frei bezeichnet, wenn sie auf Überlegungen der betroffenen Person basiert oder wenn man auch anders hätte handeln können. Als unfrei wird eine Handlung bezeichnet, wenn diese nicht von innen heraus, aus zum Beispiel wahren, oder echten Bedürfnissen, Emotionen, Antrieben etc., sondern von außen verlangt wird, eine affektive Handlung. Die ersten beiden Punkte lehnt er ab. Nicht weil er in dieser Hinsicht einfach vollkommen anderer Meinung ist, auch er sieht eine Handlung, die auf Überlegungen, auf dem „freien Willen" basieren als frei, jedoch sieht er sie nicht als frei aufgrund der differenzierten Auseinandersetzung mit dem Thema. Er meint, diese Überlegungen bestehen aus etlichen kleinen, verschiedenen Einzelhandlungen, die nach diesem Schema ablaufen: Eine Entscheidung, eine Handlung erfolgt immer aufgrund von einem Motiv, Antrieb und oder einem gewissen Zweck. [28]

> *„Die Handlung entscheidet über ihre Zwecke und ihre Antriebe, und die Handlung ist Ausdruck der Freiheit."* [29]

Sartre versteht also unter der Freiheit, die Fähigkeit des Menschen sich selbst, aufgrund von gegebenen Situationen oder Möglichkeiten, einen gewissen Zweck aufzuerlegen. [30]

6.2   Die Existenz geht der Essenz voraus

Hinzukommt noch seine Einstellung zur Wesenslosigkeit der Freiheit.
Um seine Auffassung davon besser zu verdeutlichen möchte ich zunächst etwas genauer auf Sartres grundlegende These für den Existentialismus: „Die Existenz geht der Essenz voraus." eingehen. Was meint er damit, dass die Existenz der Essenz vorausgeht? Was meint er mit Existenz und was meint er mit Essenz. Die Existenz ist ganz einfach die Existenz des, zum Beispiel, Menschen. Die Essenz meint das Wesen. Es gibt zumindest einen Fall, bei dem das Wesen der Existenz vorausgeht und das ist laut Sartre der Mensch. Das bedeutet jetzt soviel wie, dass die Idee, das Wesen des Menschen schon vor seiner tatsächlichen Existenz vorhanden ist. Die Vorstellungen, Eigenschaften etc. eines Menschen sind schon da, bevor es ihn überhaupt gibt. Ein Wesen das es schon gibt,

---

[28] Vgl. ebd.
[29] http://www.sartreonline.com/Willensfreiheit%20bei%20Schopenhauer%20und%20Sarte2.pdf (Stand: 19.02.16, 15:47)
[30] vgl. ebd.

bevor es durch irgendwelche Begriffe festgehalten werden kann, das heißt, dass der Mensch, sobald dieser in die Welt gesetzt wurde, allmählich beginnt sich zu definieren. Diese Selbstdefinition quasi beginnt aber eben erst nachdem der Mensch schon existiert, folglich ist seine These, die Existenz ginge der Essenz voraus, durchaus nachvollziehbar.[31]

Sartre selbst belegt seine These mit folgendem Beispiel:

Stelle man sich einen Handwerker vor, dessen Idee es ist einen Brieföffner herzustellen. Der besagte Handwerker beginnt seine Arbeit, bei der ihm die Idee, das Wesen, der Zweck, das heißt wozu das Objekt, welches er herstellen möchte, dienen soll, deutlich vor Augen schwebt. Erst nachdem er sich den Nutzen, den sein Objekt haben soll deutlich ausgemalt hat, beginnt er mit der Arbeit. In diesem Fall geht die Essenz der Existenz eindeutig voraus, da die Idee und quasi der Charakter eines Gegenstandes schon zu 100% vor der tatsächlichen Existenz vorhanden war.[32]

Beim Menschen, und das sei auch die Bedingung und Eigenschaft der Freiheit, sei das komplett umgekehrt: Er kommt auf die Welt als unbeschriebenes Blatt und mit der Zeit wird das Blatt mit seinem Leben, seiner Geschichte, dem Erlebten, dem Charakter, den verschiedenen Einstellungen und Meinungen, all jene Dinge eben, die einen Menschen zum Individuum machen, die Essenz also, beschrieben. Des Weiteren ist er der festen Überzeugung, der Mensch wird eben am Anfang ins Leben geworfen, dafür kann er nichts, doch dann ist er, und nur er alleine, für all das selber verantwortlich, das er tut.

Er ist nicht durch irgendeine äußere Person, noch durch irgendeine Kraft (zum Beispiel Gott) fremdbestimmt, außer seiner selbst. Die Existenz Gottes lehnt Sartre ab, oder er stellt sie zumindest in Frage, was wiederum eng mit seiner These verbunden ist. Wenn es keinen Gott gibt, so ist der Mensch zumindest ein Lebewesen bei dem die Existenz der Essenz vorausgeht. Ein Lebewesen das zuerst existiert und erst im Laufe der Zeit durch verschiedene Begriffe etc. definiert wird, oder werden kann.

Gäbe es nämlich einen Gott, so hätte dieser einen klaren Gedanken von den Menschen, die er erschaffen hat oder wird, und somit ginge die Essenz der Existenz wieder voraus. Da es aber niemanden gibt, der uns Menschen mit einem bestimmten Ziel, einer Wunschvorstellung „produziert" und quasi vorprogrammiert, sind wir das selbst. Am Anfang sind wir demnach vollkommen wesenlos, ein unbeschriebenes Blatt, und alles

---

[31] vgl. STÖCKLIN, Zur Freiheit verurteilt, S. 4-5
[32] vgl. ebd.

was danach kommt, liegt in unserer Verantwortung, wir definieren uns selbst, wir sind für unser Wesen, unsere Essenz selber und frei verantwortlich. Jeder Mensch ist sozusagen sein eigener Gott. [33]

> „Da der Mensch nicht von einer Instanz außerhalb seiner selbst definiert wird, muss er existieren, bevor er sich selbst gegenübersteht."[34]

Die Annahme, dass der Mensch sein eigener Gott ist, geht aber mit einer ungeheuren Verantwortung einher, aber somit gehört ihm auch die volle und ganze Freiheit, da die Eigenverantwortung jeder Handlung ja ihre Grundlage ist. Frei ist der Mensch deshalb, weil die Existenz der Essenz vorausgeht und dem Menschen noch jede und zwar absolut jede Möglichkeit, sich selbst zu formen und zu definieren, offen steht, und die Existenz geht der Essenz eben deswegen voraus, da es Sartre zu Folge keinen Gott, oder auch sonst keine Kraft gibt, die den Menschen mit einem bereits vollendeten und durchgestalteten Konzept einer Persönlichkeit erschafft.[35]

Ein Mensch, der scheinbar alle Entscheidungen und somit auch jegliche Verantwortung anderen Leuten überlässt, entzieht sich weder der Verantwortung noch seiner Freiheit, sondern unterliegt einem kläglichen Versuch von Selbsttäuschung. Der Mensch besitzt also kein fixes Wesen, es gibt kein Schema, keine einheitliche Definition oder eine Form, in die jeder Mensch gebracht wird oder werden soll, da sich ja jeder frei ist, sein eigenes Wesen selbst zu bestimmen. Das einzige, was der Mensch nicht selbst bestimmt, ist seine Entstehung, dies geschieht für jeden Menschen mehr oder weniger zufällig, doch ist der Mensch einmal ins Leben geworfen, so ist dieser für immer verantwortlich für alles was er tut: Der Mensch ist immer genau jener, zu dem er sich selbst macht. Die Verantwortung für ihn und seine Handlungen kann er deshalb weder verweigern, noch von sich abschieben.[36]

---

[33] vgl. ebd.
[34] STÖCKLIN, Zur Freiheit verurteilt, S. 5
[35] vgl. ebd. S.5-6
[36] vgl. ebd. S.6-7

7 Fazit

Freiheit. Ein Begriff von dem wir alle eine ungefähre Vorstellung haben, doch wenn es darum geht diesen etwas näher zu erklären oder zu definieren, scheitern die meisten. Was ist das überhaupt? Welche Arten von Freiheit gibt es? Was versteht man unter Handlungs-, was unter Willensfreiheit? Ab wann ist der Mensch frei? Ist es überhaupt möglich vollkommen frei zu sein? Was schränkt unsere Freiheit ein? Kann ich frei sein obwohl ich mich gewissen Regeln beugen muss? Bedeutet das höchste Maß an Freiheit automatisch das höchste Maß an Glück?

Mit diesen Fragen und noch vielen mehr stand ich zu Beginn der Arbeit da, einige konnte ich beantworten, auch wenn ich zugeben muss, dass ich nun am Ende meines Werkes mit mindestens doppelt so vielen Fragen wie zuvor dastehe.

Je länger und intensiver man sich mit dem Thema der Freiheit beschäftigt, desto vielschichtiger wird auch die Betrachtungsweise darauf, und desto mehr Fragen werden aufgeworfen. Hat man sich mit einem ihrer Teilaspekte beschäftigt, treten sogleich mehrere neue Aspekte auf und man läuft Gefahr, sich in einem Irrgarten des Freiheitsbegriffes zu verfangen, aus dem man gedanklich nicht mehr so leicht einen Ausgang findet. Zuletzt muss man wohl akzeptieren, dass es nie nur eine einzige Antwort auf irgendeine dieser Fragen geben wird, was aber nichts Schlechtes bedeutet sondern, im Gegenteil, den Menschen dazu anregt, sein Leben, seine Lebensweise und vielleicht seine eigene Vorstellung von Freiheit zu reflektieren und nochmals zu überdenken, was doch an sich eine gute Sache ist.

So habe ich nun in meiner Arbeit die Freiheit des Individuums von verschiedenen Seiten beleuchtet, im Zuge dessen habe ich die Handlungs-, als auch die Willensfreiheit näher beschrieben, aber auch den Determinismus und das Libet-Experiment, welche beide eine völlig andere Meinung in Bezug auf die Willensfreiheit vertreten und trotzdem ist noch so viel offen. Es hat sich aber mit ziemlicher Sicherheit meine These bewahrheitet, dass es eine vollkommene, eine absolute Freiheit nicht gibt, und nicht geben kann, jedoch heißt das für den Menschen nicht, im Gegenteil, dass er deshalb leiden muss: Ein Mensch kann sich durch Regeln viel freier und auch sicherer fühlen, als wenn er ohne jegliche Anhaltspunkte durchs Leben irren würde. Aber es soll auch nicht der Gedanke entstehen, dass Freiheit unlogisch und überhaupt nicht möglich wäre, da diese offensichtlich in gewissen Teilbereichen stattfinden kann, selbst wenn sie in anderen wiederum nicht vorhanden ist. Zusätzlich muss noch angemerkt werden, dass ich durch die Recherche zu den verschiedenen Themen im Hauptteil meiner Arbeit, einiges dazu gelernt habe, konkret aber nichts an meinem Essay verändern würde, da ich noch immer dieselbe Meinung dazu habe.

Zu guter Letzt möchte ich auch noch einmal erklären, dass es logisch ist, dass es keine einheitliche Definition von Freiheit geben kann, da diese quasi nur ein Überbegriff für ein so breites Spektrum ist, das man in immer und immer kleinere Teilbereiche unterteilen kann, und je kleiner diese Teilbereiche, desto näher und desto besser lassen sich diese beschreiben. Anschließend möchte ich noch anmerken, dass ich noch immer an meiner These, dass die Auffassung von Freiheit für jeden Menschen etwas anderes sei, und es in dieser Hinsicht kein richtig oder falsch gibt, festhalte.

Literaturverzeichnis

Buchquellen:

BIERI, Peter: Das Handwerk der Freiheit, über die Entdeckung des eigenen Willens. Fischer Taschenbuch Verlag. 2006.

LIESSMANN, Konrad. ZENATY, Gerhard: Vom Denken. Braumüller. 1996.

STÖCKLIN, Sara: „Zur Freiheit verurteilt". Eine Untersuchung von Sartres Freiheitsbegriff. GRIN Verlag. 2005.

Online Verzeichnis:

http://www.astro.physik.uni-potsdam.de/~afeld/vortrag_libet.pdf

http://campus.uni-muenster.de/fileadmin/einrichtung/egtm/pbsurvey/Willensfreiheit.pdf

http://www.philosophie.rwth-aachen.de/global/show_document.asp?id=aaaaaaaaaabpfap

http://de.pons.com/%C3%BCbersetzung/latein-deutsch/determinare

http://mb-soft.com/believe/tgxtm/determin.htm

https://de.wikipedia.org/wiki/Determinismus

https://www.psychologie.uni-heidelberg.de/ae/allg/lehre/030623_Freier_Wille.pdf

http://philo.at/wiki/index.php/Willensfreiheit_(FiK)#Handlungsfreiheit_und_Willensfreiheit

http://www.planet-wissen.de/natur/forschung/hirnforschung/pwiedaslibetexperiment100.html

http://www.spektrum.de/news/die-wiederentdeckung-des-willens/1341194

https://www.hdg.de/lemo/biografie/jean-paul-sartre.html

http://www.sartreonline.com/Willensfreiheit%20bei%20Schopenhauer%20und%20Sarte2.pdf